essentials

AF130905

Weitere Bände in dieser Reihe
http://www.springer.com/series/13088

Springer Essentials sind innovative Bücher, die das Wissen von Springer DE in kompaktester Form anhand kleiner, komprimierter Wissensbausteine zur Darstellung bringen. Damit sind sie besonders für die Nutzung auf modernen Tablet-PCs und eBook-Readern geeignet. In der Reihe erscheinen sowohl Originalarbeiten wie auch aktualisierte und hinsichtlich der Textmenge genauestens konzentrierte Bearbeitungen von Texten, die in maßgeblichen, allerdings auch wesentlich umfangreicheren Werken des Springer Verlags an anderer Stelle erscheinen. Die Leser bekommen „self-contained knowledge" in destillierter Form: Die Essenz dessen, worauf es als „State-of-the-Art" in der Praxis und/oder aktueller Fachdiskussion ankommt.

Lutz Unterseher

Der Erste Weltkrieg

 Springer VS

Lutz Unterseher
Universität Münster
Münster
Deutschland

ISSN 2197-6708   ISSN 2197-6716 (electronic)
ISBN 978-3-658-05229-4   ISBN 978-3-658-05230-0 (eBook)
DOI 10.1007/978-3-658-05230-0

Die Deutsche Nationalbibliothek verzeichnet diese Publikation in der Deutschen National-
bibliografie; detaillierte bibliografische Daten sind im Internet über http://dnb.d-nb.de ab-
rufbar.

Springer VS
© Springer Fachmedien Wiesbaden 2014

Gedruckt auf säurefreiem und chlorfrei gebleichtem Papier

Springer VS ist eine Marke von Springer DE. Springer DE ist Teil der Fachverlagsgruppe
Springer Science+Business Media
www.springer-vs.de

Inhaltsverzeichnis

1 Eine Prophezeiung 1

2 Hintergründe und Ausbruch 3
   2.1 Nationalismus und Aggressivität 3
   2.2 Mächte und Machenschaften 4
   2.3 Julikrise und Kriegsbeginn 6

3 Schauplätze und Abläufe 11
   3.1 Westen, Osten, Italien 11
   3.2 Balkan, Türkei, Kolonien 14
   3.3 Seekrieg: Dreimaliges Fiasko 17

4 Waffen und Kriegsmittel 21
   4.1 MG und Artillerie 21
   4.2 Gas und Kampfpanzer 22
   4.3 Zeppeline und Flugzeuge 23

5 Entbehrungen und Opfer 27
   5.1 Hunger und Ziviltote 27
   5.2 Verwundete und Gefallene 28
   5.3 Kriegsneurosen und Psychiatrie 29

6 Friedensinitiativen und Abkommen 31
   6.1 Bemühungen und Widerstände 31
   6.2 Niederlage und Waffenruhe 32
   6.3 Diktat und Reaktion 33

7   Weitreichende Folgen 35

Literatur und Filme 39

Eine Leseliste 43

Über den Autor

Lutz Unterseher ist Soziologe und Politologe, in Münster habilitiert, wo er Politikwissenschaft lehrt: Internationale Beziehungen und Militärtheorie. Er war in der kommerziellen Sozialforschung und als Berater in Verteidigungsfragen tätig: für Parteien, Streitkräfte und Regierungen in Europa, Südafrika und Südamerika. Er lebt als Pensionär in Berlin-Spandau und widmet sich historischen Studien. Neuere Publikationen:

- Der Erste Weltkrieg. Trauma des 20. Jahrhunderts, Wiesbaden 2014.
- Tiefschläge: Dem Feind in den weichen Unterleib. Zur Kritik militärischer Bedrohung gegnerischen Hinterlandes, Berlin 2013.
- Frieden schaffen mit anderen Waffen? Alternativen zum militärischen Muskelspiel, Wiesbaden 2011.
- Military Intervention and Common Sense, Cambridge, Massachusetts, 2009.

Eine Prophezeiung

Im Jahre 1889 erschien in Paris unter dem Titel „La Guerre" ein Buch, das sich mit dem *Krieg der Zukunft* befasste. Autor war *Ivan* (oder *Jean*) *Bloch* (1836–1902), ein in Polen gebürtiger Bankier jüdischer Herkunft. Er malte ein düsteres Gemälde von dem, was die Menschen in Europa möglicherweise zu erwarten hätten. Bloch verarbeitete die technologisch-gesellschaftlichen Entwicklungen seiner Zeit und bezog sie auf die Möglichkeit eines militärischen Zusammenstoßes.

Sehr klar sah er die enorme Steigerung der Feuerkraft seit etwa der Mitte des 19. Jahrhunderts: Vervielfachung der Explosivkraft von Artilleriegeschossen, Zunahme von Präzision, Reichweite, Feuergeschwindigkeit der Gewehre und Geschütze durch Einführung gezogener Läufe sowie des Hinterladeprinzips. Dazu das Erscheinen der ersten Schnellfeuerwaffen: von den mit einer Handkurbel betriebenen mehrläufigen bis zum – heute immer noch modernen – Maschinengewehr (MG).

Ebenso verzeichnete Bloch die Mobilisierung der Massen – vor allem für die Industrie, aber auch die Streitkräfte. Dazu die enorme Steigerung der Produktivität in den wichtigsten Staaten Europas. Staaten, die gegeneinander gerichtete Interessen zeigten, ohne dass es etablierte, erprobte Einrichtungen und Verfahren wirksamer Schlichtung gegeben hätte.

Einen künftigen Krieg stellte er sich bereits in etwa so vor, wie der Erste Weltkrieg dann tatsächlich ablief: als einen Zusammenstoß riesiger Massen von Soldaten, die über leistungsfähige Eisenbahnnetze herangeschafft und versorgt wurden. Dazu eine vor allem aufgrund der erdrückenden Feuerkraft überlegene Defensive auf beiden Seiten, die jegliche größere Angriffsunternehmung in Strömen von Blut ertränkte. Als Resultat ein zermürbender Stellungskrieg und die allgemeine Demoralisierung der Soldaten mit der Folge von Meutereien und epidemischer Kriegsmüdigkeit.

Bloch sagte voraus, dass die damaligen großen Staatsgebilde durch einen solchen Zusammenstoß in ihren Grundfesten erschüttert werden würden, dass politische Unruhen, Revolutionen und Bürgerkriege im Gefolge des Desasters erwar-

L. Unterseher, *Der Erste Weltkrieg*, essentials,
DOI 10.1007/978-3-658-05230-0_1, © Springer Fachmedien Wiesbaden 2014

tet werden müssten. Und auch das traf zu. Man denke etwa nur an Deutschland, Österreich-Ungarn und Russland am Ende des Ersten Weltkrieges!

Dem Bankier aus Polen erschien die von ihm aufgezeigte Perspektive als so fürchterlich, dass er sie in ihren Konsequenzen für „unmöglich" hielt. Doch sicher war Ivan Bloch sich keineswegs. Wohl wollte er daran glauben, dass die Aussicht auf eine alles vernichtende Katastrophe abschreckend wirken könnte. Aber zugleich fürchtete er, dass aus der Dynamik der politischen Entwicklung heraus das „Unmögliche" dennoch geschehen würde.

So zog Bloch denn unermüdlich durch Europa, bis an die Grenzen seiner Kraft: von Hauptstadt zu Hauptstadt, hielt Reden in mehr oder minder gefüllten Sälen, um die Menschen zu warnen. Dabei empfand er schmerzlich, dass der in seiner Zeit sich stark entwickelnde Patriotismus – oder eher: Chauvinismus – es fast unmöglich machte, ein wirklich breites Publikum zu erreichen, und bemerkte schließlich auch, dass er den „interessierten" Kreisen in Politik und Militär alles andere als gelegen kam.

Ivan Bloch wurde 1901 für den ersten Friedensnobelpreis vorgeschlagen, ging dabei aber leer aus.

Hintergründe und Ausbruch

2

2.1 Nationalismus und Aggressivität

Im 19. Jahrhundert, lange vor dem Ersten Weltkrieg, begann in Europa der *Nationalismus* zu blühen: Bevölkerungsgruppen, in denen vor dem Hintergrund – vermuteter – gemeinsamer Herkunft, Geschichte oder Kultur das Bewusstsein wuchs zusammenzugehören, sahen sich durch „Kleinstaaterei" getrennt. Einigung wurde zum hehren Ziel. Beispiele waren das neu entstandene Königreich Italien und das Deutsche Kaiserreich.

Oder aber Bevölkerungsgruppen, die sich in dem bezeichneten Sinne als relativ homogen empfanden, fühlten sich im Gehäuse eines „Vielvölkerstaates" mit anderen, als fremd wahrgenommenen Gruppierungen und Kulturen zusammengesperrt und kämpften konsequenterweise jeweils für ein eigenes staatliches Haus. Beispiele boten die zentrifugalen Tendenzen im russischen Kaiserreich, in der Doppelmonarchie Österreich-Ungarn und vor allem im Osmanischen Reich.

Beide Entwicklungen, die der Einigung und die der Loslösung, zeigten zwanghafte – „chauvinistische" – Züge. Wenn es den Kräften, die für Nationalstaatlichkeit kämpften, an Identität mangelte, schrieben sie sich eine eigene, passende Geschichte: Man erfand sich neu, die Nation wurde konstruiert. Und mit dem frisch geschaffenen oder noch zu schaffenden Nationalstaat entstanden neue Ansprüche auf Machtgeltung – Ansprüche, die mit den Interessen anderer staatlicher Akteure potenziell oder tatsächlich in Konflikt gerieten. Ein gutes Beispiel: die „Balkankriege" kurz vor Ausbruch des Ersten Weltkrieges.

In den beiden Balkankriegen, 1912–1913 und 1913, traten Nationalismen gegen die Machtansprüche eines „alten" Reiches an, um danach untereinander ins Gehege zu geraten: zuerst Italien, Bulgarien, Griechenland und Serbien mit dem kleinen Montenegro gegen das Osmanische Reich, dann Griechenland, Serbien/Montenegro, Rumänien und das Osmanische Reich gegen Bulgarien. (Alle genannten Balkanstaaten waren ursprünglich „Zerfallsprodukte" des Osmanischen Reiches.)

L. Unterseher, *Der Erste Weltkrieg*, essentials,
DOI 10.1007/978-3-658-05230-0_2, © Springer Fachmedien Wiesbaden 2014

Es ging um Gebietsgewinne: zuerst zu Lasten des Osmanischen Reiches, später zu Lasten Bulgariens. Serbien konnte sein Gebiet nahezu verdoppeln und wollte im Geiste der Schaffung eines großserbischen Staates immer noch mehr. Die beiden Kriege hatten die Lage also keineswegs geklärt. Der Balkan blieb ein Pulverfass.

Der sich entwickelnde Nationalismus der Neuen auf der internationalen Bühne, aber auch das nationalistisch gefärbte Geltungsstreben der etablierten imperialen Mächte, wie etwa Großbritannien, Frankreich und Russland, hatte sich eng mit einer generellen *Angriffsorientierung* der jeweiligen Streitkräfte verknüpft. Zu Beginn des Ersten Weltkrieges galt Angriff allgemein als *das* Grundprinzip der Kriegführung. Dies war nicht immer so.

In den Kabinettskriegen des 18. Jahrhunderts waren Offensive und Defensive als gleichrangig behandelt worden, und noch *Carl von Clausewitz* (1780–1831) hatte die Vorteile einer initialen Verteidigung als Voraussetzung eines erfolgverprechenden Angriffs systematisch herausgearbeitet. Doch wurde er vor dem Hintergrund der preußisch geführten, angriffsweise gewonnenen Kriege von 1864 (Dänemark), 1866 (Österreich) und 1870/71 (Frankreich) von führenden deutschen Militärs im Sinne eines Plädoyers für die Offensive, und nur die Offensive, uminterpretiert.

Mit den genannten Siegen und seiner wohlorganisierten Armee wurde Preußen-Deutschland, gerade auch im Sinne der Angriffsorientierung, zum Modell für Europa. Diese Orientierung verselbständigte, radikalisierte sich – bis hin zum „Schlieffenplan" samt seiner Vernichtungskonzeption, mit dem Deutschland 1914 gegenüber Frankreich alles auf eine Karte setzte (Urheber: der preußische Generalstabschef *Alfred Graf von Schlieffen*, 1833–1913).

2.2 Mächte und Machenschaften

Um die Stellung des Deutschen Reiches zu festigen und das 1870/71 gedemütigte Frankreich auf seinen Platz zu verweisen, hatte Reichskanzler *Otto Fürst von Bismarck-Schönhausen* (1815–1898) ein Bündnis mit Russland und Österreich-Ungarn zu Stande gebracht. Dieses wurde aber wegen der sich zuspitzenden Konkurrenz Österreich-Ungarns und Russlands um Einfluss auf dem Balkan hinfällig.

Das Deutsche Reich und Österreich-Ungarn schlossen daraufhin 1879 für den Fall eines russischen Angriffes, aber auch anderer Bedrohungen, ein Verteidigungsbündnis, dem 1882 Italien beitrat – wodurch aus dem *Zwei-* der *Dreibund* wurde. Großbritannien stieß als stiller Teilhaber hinzu, da es sich 1887 mit Italien und Österreich über Interessen im Mittelmeerraum und auf dem Balkan verständigt hatte.

Bereits 1881 hatte sich Russland wieder den beiden früheren Partnern angenähert. Die drei Kaiserreiche sicherten einander in einem neuerlichen Vertrag wohlwollende Neutralität für den Fall zu, dass eines von ihnen in Auseinandersetzungen mit einer anderen Macht verstrickt werden würde. Als dieser Vertrag 1887 auslief, wurde er wegen des wieder auflebenden russisch-österreichischen Gegensatzes nicht zu dritt erneuert, sondern ersetzt durch den deutsch-russischen „Rückversicherungsvertrag", welcher ebenfalls „wohlwollende Neutralität" vorsah. Der Dreibund von 1882 blieb davon unberührt.

Nach Bismarcks Sturz im Jahre 1890 wurde der Rückversicherungsvertrag trotz russischer Bereitschaft nicht verlängert. Die Gründe? Die – gerade erst erblühte – Nibelungentreue gegenüber Österreich-Ungarn? Die Annahme der deutschen Diplomatie, dass der Dreibund und der Vertrag mit Russland nicht miteinander vereinbar wären? Geschwollenes deutsches Selbst- und Machtbewusstsein? Schlichte Dummheit? All dies mag zum Bruch mit der Bismarckschen Bündnispolitik beigetragen haben.

In der Folge entwickelte sich eine Annäherung Russlands an Frankreich, das dem aufstrebenden Riesenreich generös Investitionshilfen gab. Zunehmend überwand Frankreich seine Isolierung, zumal sich auch eine Verständigung mit Großbritannien abzeichnete. Nach längerer Konfliktgeschichte im Zusammenhang mit den kolonialen Ansprüchen und Besitzungen der beiden imperialistischen Mächte in Nordafrika, konnte schließlich Ende des 19. Jahrhunderts eine Aufteilung in Einflusssphären vereinbart werden: der Westen für Frankreich, der Osten für Großbritannien. Eine Fortsetzung des Konfliktes hätte sich für keine der beiden Seiten gelohnt.

Die britisch-französische Annäherung wurde im Übrigen auch dadurch beflügelt, dass Großbritannien – politisch, ökonomisch, militärisch – ein Gegengewicht zum Deutschen Reich suchte, von dem es sich zunehmend entfremdet sah. Diese Entfremdung wurde als so schwerwiegend empfunden, dass kurz vor dem Ersten Weltkrieg auch Russland mit in die Verständigung gegen das Deutsche Reich, die *Entente Cordiale*, aufgenommen wurde, obwohl es doch immer wieder – etwa in Persien oder Afghanistan – erhebliche Interessengegensätze zwischen russischem und britischem Imperialismus gegeben hatte.

Die Entfremdung zwischen dem Reich und dem British Empire hatte viele Anlässe und Aspekte. Um nur einige zu erwähnen: Mitte der 1890er Jahre begann die Führung in Berlin, das Empire durch Sympathiebekundungen für die Freiheitsbewegung der Buren in Südafrika zu provozieren. (In diesem Kontext schied Großbritannien als stiller Teilhaber des Dreibundes aus, indem es das Mittelmeerabkommen kündigte.)

Die Irritation wuchs um ein Übriges, als gegen Ende des Jahrhunderts das Deutsche Reich auf chinesischem Boden, also – nach damaligem Verständnis – britischem Einflussgebiet, eine Kolonie errichtete (Kiautschau).

Der mit deutschen Mitteln begonnene Bau der Bagdadbahn, deren geostrategische Achse in Richtung Britisch-Indien zielte, und einige Eskapaden, etwa eine unsinnig-symbolische Machtdemonstration in Marokko, trugen ebenfalls zu dem Bild bei, das sich die Londoner Führung vom Deutschen Reich machte.

Dies alles erschien dort vor dem Hintergrund eines Wettrennens um die Maximierung wirtschaftlicher, politischer und militärischer Macht. Zwar war das Deutsche Reich bei der Verteilung der Kolonien zu spät gekommen, also kein Empire im britischen Sinne, doch hatte es auf der Basis einer größeren und besser ausgebildeten Bevölkerung seine Wirtschaftskraft enorm, über die Britanniens hinaus, entfaltet und zu allem Überfluss auf maritimem Gebiet, der Domäne Englands, die Rolle des Herausforderers übernommen.

Eine Folge dieser Entwicklung: In Rom wurde die britisch-deutsche Entfremdung mit Besorgnis gesehen, war man doch am Mittelmeerabkommen, dem Annex des Dreibundes, vor allem deswegen interessiert gewesen, weil dadurch die italienischen Ansprüche in diesem Raum durch die Signatur Großbritanniens abgesichert erschienen. Mit dessen Ausscheiden schwand in Italien die Unterstützung für den Dreibund, zumal gegenüber dem Mitglied Österreich-Ungarn eine Reihe territorialer Ansprüche bestand.

Der dann während des Weltkrieges erfolgende Austritt Italiens aus dem Dreibund ließ keinen „Zweibund", sondern die „Mittelmächte" übrig.

2.3 Julikrise und Kriegsbeginn

Am 28. Juni 1914 erschoss ein Student den österreichischen Thronfolger *Erzherzog Franz Ferdinand* (1863–1914) und seine Gemahlin in Sarajewo, der Hauptstadt Bosniens. (Bosnien-Herzegowina gehörte seit 1908, nach längerer Mandatszeit, zum österreichisch-ungarischen Staatenverbund.) Der Anschlag war von einem großserbischen Geheimbund organisiert worden, den die Belgrader Führung nicht unter Kontrolle hatte.

In der Wiener Regierung wurde eine möglichst energische Reaktion diskutiert, wobei sich eine Mehrheit für militärische Strafmaßnahmen erst dann bildete, nachdem der zunächst zögerliche *Kaiser Franz Joseph I.* (1830–1916) sich zu der Auffassung durchgerungen hatte, Serbien müsse „als politischer Machtfaktor am Balkan" ausgeschaltet werden. Doch verstrichen drei Wochen, bis man der serbischen Führung ein harsches Ultimatum stellte. Serbien wurde darin aufgefordert, seine „aggressive Propaganda" einzustellen und das Attentat unter Beteiligung von Vertretern der Donaumonarchie auf eigenem Territorium untersuchen zu lassen. Ein Einlenken Belgrads wurde nicht erwartet.

Diese Zuspitzung des Konfliktes rief in Paris, London und St. Petersburg Empörung hervor. Erwartungsgemäß wies Serbien das Ansinnen Österreich-Ungarns zurück – allerdings erst, nachdem Signale empfangen worden waren, die eine russische Rückendeckung verhießen.

Zuvor hatte die Regierung in Berlin der Wiener Führung – grob fahrlässig bis kriegstreiberisch – *carte blanche* für deren eventuelles Vorgehen auf dem Balkan gegeben und sogar Unterstützung für den Fall der Ausweitung des Konflikts in europäische Dimensionen zugesagt. Allerdings dachte wohl die Mehrheit der Kriegsfraktion um *Kaiser Wilhelm II. (1859–1941)* nicht an eine solche Ausweitung, sondern an einen möglichst bald durchzuführenden, die Lage klärenden Präventivschlag der Donaumonarchie gegen Serbien.

Mit einem Eingreifen Russlands wurde in der Umgebung des Kaisers nicht gerechnet – glaubte man doch auf dynastische Solidarität setzen zu können und wurde doch die Armee des Zaren fälschlicherweise für nicht einsatzbereit gehalten. Auch eine Intervention Frankreich galt angesichts deutscher militärischer Überlegenheit als unwahrscheinlich. Gleichwohl gab sich die deutsche Diplomatie einige Mühe, in den Hauptstädten der Entente – während die Wiener Führung zum Krieg ermuntert wurde – den Eindruck zu erwecken, man sei der Entspannung verpflichtet. Doch die „Julikrise" nahm ein schlimmes Ende. Der nun ausbrechende Krieg zwischen Österreich-Ungarn und Serbien rief Russland auf den Plan. So nahm das Unheil seinen Lauf.

Russland hatte die Unterstützung Frankreichs und Großbritanniens. Das Deutsche Reich sah sich also, als Verbündeter der Donaumonarchie, vor der Perspektive eines Zweifrontenkrieges und traf entsprechende Vorkehrungen. Dazu gehörte auch, das zumindest formal neutrale Belgien ultimativ aufzufordern, deutsche Truppen auf seinem Territorium gegen Frankreich aufmarschieren zu lassen (weil nämlich der Schlieffenplan dies verlangte, also angebliche militärische „Sachzwänge" die politische Richtung vorgaben). Die vorgesehene Verletzung der belgischen Neutralität, wie auch derjenigen Luxemburgs, war eine unmittelbare Provokation Frankreichs, aber auch Großbritanniens, das sich in diesem Kontext als Schutzmacht betrachtete.

Wenn immer es die Umstände erlaubten, wurde das Heil in einem möglichst frühen Angriff an wesentlichen Fronten mit möglichst starken Truppen gesucht. Damit lag es nahe, dass es zu einem Wettrennen der Mobilmachungen kam. Keiner konnte es sich leisten, dass ihm ein potenzieller Gegner zuvorkam. Und dieser Dynamik folgten dann die Kriegserklärungen. Hier eine Chronologie des Hineinschlitterns:

25. Juli
Serbien: Allgemeine Mobilmachung
Österreich-Ungarn: Mobilmachung gegen Serbien, nicht gegen Russland

26. Juli
Russland: Beginn der Kriegsvorbereitungen
Großbritannien: Befehl, die Flotte zusammenzuhalten

28. Juli
Österreich-Ungarn: Kriegserklärung an Serbien

29. Juli
Russland: Teilmobilmachung der südlichen Militärbezirke

30. Juli
Russland: Allgemeine Mobilmachung

31. Juli
Österreich-Ungarn: Allgemeine Mobilmachung
Frankreich: Mobilmachung an der Ostgrenze

1. August
Frankreich: Allgemeine Mobilmachung
Deutsches Reich: Allgemeine Mobilmachung
Deutsches Reich: Kriegserklärung an Russland

2. August
Großbritannien: Mobilmachung der Flotte
Deutsches Reich: Ultimatum an Belgien

3. August
Großbritannien: Mobilmachung des
Landheeres
Deutsches Reich: Kriegserklärung an Frankreich

4. August
Deutsches Reich: Belgische Antwort ungenügend/Kriegszustand
Großbritannien: Ultimatum an das Reich wegen Belgien, bedingte Kriegserklärung
bei Nichterfüllung

6. August
Serbien: Kriegserklärung an das Deutsche Reich
Österreich-Ungarn: Kriegserklärung an
Russland

Ab Kriegsbeginn standen auf Seiten der Entente: Belgien, Frankreich, Großbritannien (und Irland) mitsamt dem Empire, Japan, Russland und Serbien (mit Montenegro). Später traten hinzu: Italien (1915), Portugal (1916), Rumänien (1916), Griechenland (1917) und die USA (1917). Außerdem zu erwähnen: eine Reihe südamerikanischer Staaten, deren Beteiligung – in der zweiten Hälfte des Krieges – eher symbolischer Natur war.

Den Mittelmächten, bei Ausbruch des Krieges nur das Deutsche Reich und Österreich-Ungarn, schlossen sich später an: das Osmanische Reich (Herbst 1914) und Bulgarien (1915).

Schauplätze und Abläufe 3

3.1 Westen, Osten, Italien

In Frankreich und in einem Rest des belgischen Flandern, das der deutschen Invasion nicht zum Opfer gefallen war, kämpfte anfänglich nur das französische Heer gemeinsam mit einem zunehmend stärker werdenden britischen Expeditionskorps (und einigen belgischen Truppenteilen) gegen die Eindringlinge. Später kamen kleinere Kontingente aus Russland und Portugal hinzu, bis dann ab Ende 1917 umfangreiche Verstärkungen aus den USA eintrafen.

Zunächst war der Krieg im *Westen* (aus deutscher Perspektive gesehen) von weiträumigen Bewegungen gekennzeichnet. Nach dem Überrollen Belgiens durch deutsche Armeen trat das französische Heer auf breiter Front, mit einem Schwerpunkt in der Mitte, zum Angriff an, der aber alsbald scheiterte. Die fast synchrone deutsche Großoffensive nach Frankreich hinein folgte in ihren Grundzügen dem Schlieffenplan, der in seinen Grundzügen einen möglichst starken rechten Flügel vorsah. Dieser sollte zunächst in Richtung Kanalküste streben (Abhaltung der Briten!) und dann, in einem großen Schwenk östlicher Richtung südlich an Paris vorbei, der Masse der französischen Kräfte in den Rücken fallen. Annahme war, dass der zugunsten des rechten Flügels geschwächte linke der Deutschen große Teile der Truppen Frankreichs fesseln könnte.

Die damit winkende Zerschlagung des französischen Heeres würde, dies eine weitere Annahme, so früh erfolgen, dass man sich noch rechtzeitig gen Osten zu wenden vermöchte, um mit den Armeen des Zaren fertig zu werden, die man in ihrem Aufmarsch für schwerfällig und langsam hielt.

Der große Schwenk gelang aber nicht. So wurde der Radius der Bewegung stark verkleinert: vor allem deswegen, weil der Angriffsschwung der Deutschen erlahmte. Dies lag wohl weniger daran, dass – wie Schlieffen-Apologeten mein(t)en – der rechte Flügel nicht stark genug gemacht und verfrüht Potenzial an die Ostfront abgegeben worden war (die Russen kamen schneller als erwartet), als vielmehr an der

Tatsache, dass der französische Widerstand sich versteifte: Flugs hatte man nämlich den Vorteil der Defensive entdeckt. Hinzu kam noch, dass die deutsche Logistik einem raschen und weiträumigen Marsch großer Truppenmassen nicht genügte. Obwohl ihr Bewegungsradius hatte verkürzt werden müssen, erschienen die Offensivkräfte doch sehr überdehnt. So ließen sich denn von der „Drehscheibe Paris" aus französische Reserven gegen die Schwachstellen der deutschen Operation ansetzen.

Im September 1914 kam der Bewegungskrieg an der *Marne* zum Stehen. Der Stellungskrieg begann und sollte das Geschehen im Westen bis in das Jahr 1918 hinein prägen.

Stellungskrieg: Das Entstehen immer tiefer gestaffelter Grabensysteme mit verbunkerten, in der Erde verschwundenen beziehungsweise getarnten Stellungen, aus denen gegnerische Angriffe in einer Flut defensiven Feuers ertränkt werden konnten. Hinzu kamen bald integrierte Reserven für lokale Gegenstöße, um durch den Angreifer erzielte Einbrüche sofort abriegeln zu können. Die Front bewegte sich kaum und wenn, dann nur im Schneckentempo. Obwohl die Opferzahlen horrend waren, der Materialverbrauch immer ruinöser wurde, schien der Krieg jede Richtung verloren zu haben.

Wesentliche Unternehmungen, Entscheidungen zu erzwingen, wieder Bewegung in den Krieg zu bringen, erreichten außer Erschütterung des Gegners wenig. Das gilt etwa für den deutschen Schlag gegen Verdun im Frühjahr 1916, die Offensiven der Entente an der Somme (Mitte 1916) und in der Champagne/an der Aisne (Frühjahr 1917) sowie den deutschen Versuch eines großen Durchbruchs im Frühjahr 1918, unter der Führung von General *Erich Ludendorff* (1865–1937).

Diese Operation war, obwohl am Ende erfolglos, für die Entente relativ gefährlich, weil sie militärisch innovativ erschien: wurden doch das meist auf breiter Front veranstaltete Trommelfeuer der Artillerie durch konzentrierte Feuerschläge gegen vorbestimmte Einbruchstellen und der Frontalangriff von Infanteriemassen durch fokussierte Angriffe einer Elite von „Sturmtruppen" ersetzt.

Die Entente hingegen setzte eher auf Materialüberlegenheit, um damit schließlich die deutschen Kräfte systematisch zu erschöpfen. Vor allem auch das Erscheinen von US-Truppen auf dem Schlachtfeld machte dies möglich.

Im **Osten** standen sich das zahlenmäßig überlegene Heer des Zaren, mit britischem Material unterstützt, und erhebliche Teile der deutschen sowie der österreichisch-ungarischen Streitkräfte gegenüber. Der russische Aufmarsch gelang schneller als von den Mittelmächten angenommen. Bereits ab Mitte August begannen Truppen des Zaren nach Ostpreußen vorzudringen.

Doch gelang es deutschen Kräften, bei Tannenberg die Narew-Armee zu schlagen: aus der Defensive und bevor Verstärkungen aus dem Westen eingetroffen waren. Anschließend wurde, bei den Masurischen Seen, auch die zweite nördliche Angriffsarmee der Russen besiegt und damit das Reichsgebiet „feindfrei".

Der Bewegungskrieg hatte im Osten noch eine Chance. Dass der Krieg hier nicht das Bild der Konfrontation in Frankreich zeigte, lag wesentlich an der anderen Relation von Kräften zum Raum. Die Frontlinie war länger, der zu deckende Raum so riesig, dass große Truppenmassen darin verschwanden. Immer wieder gab es aber auch längere Phasen des Stellungskrieges, während der beide Seiten ihre Kräfte auffrischten.

Um danach wieder Bewegung in das Geschehen zu bringen, entwickelte zunächst vor allem die deutsche Seite Durchbruchoperationen, für die neue Verfahren – etwa der konzentrierte, schlagartige Artillerie-Einsatz – entstanden, die sich dann auch auf anderen Schauplätzen anwenden ließen.

So bewegte sich die Front gen Osten, in russisches Staatsgebiet hinein. Doch im Sommer 1916 unternahm es General *Alexej Alexejewitsch Brussilow* (1853–1926), Befehlshaber der russischen Südarmee, das Blatt zu wenden. In größter Anstrengung erzielten seine Truppen erhebliche Geländegewinne.

Mit Mühe gelang es eilig zusammengekratzten Reserven der beiden Mittelmächte, die Front notdürftig zu stabilisieren (zum Teil auf dem Gebiet Österreich-Ungarns). Die Schwäche des einen war aber nicht die Stärke des anderen. Die russischen Truppen hatten ihre Kräfte weitgehend verausgabt.

Das resultierende Patt dauerte bis Mitte 1917, als die bürgerlich-sozialdemokratische Regierung, die nach dem Sturz des Zaren im März desselben Jahres in Petrograd ans Ruder gelangt war, eine letzte – verzweifelte – Offensive wagte, die im Zerfall des russischen Heeres resultierte. Mit der Novemberrevolution von 1917 war dann der Krieg im Osten vorbei.

Italien verließ im April 1915 den Dreibund und schloss sich der Entente an, um dann im Mai in den Krieg einzutreten. Als relativ junger Staat war es nationalistisch, auch um innere Widersprüche zu überbrücken (Nord-Süd-Gefälle!), und propagierte Ansprüche an Österreich-Ungarn. Es ging vor allem um die Brennerlinie, die Forderung, Triest zum Freistaat zu machen, und um mehr Einfluss an der Adria.

Das italienische Heer stand entlang der Südalpen und – bis zum Herbst 1917 – im Tal des Isonzo (westlich Triest) beträchtlichen Teilen der Streitkräfte Österreich-Ungarns gegenüber. Bis in das Jahr 1917 hinein gab es am Isonzo elf italienische Offensiven. Gegen die schwerfälligen Angriffe konnte sich die Verteidigung zwar behaupten, allerdings mit zunehmender Mühe. Das Ende schien absehbar.

So wurde ein Befreiungsschlag beschlossen. Reserven Österreich-Ungarns, verstärkt durch deutsche Elite-Infanterie („Sturmtruppen"), sollten die italienische Isonzofront in der Flanke fassen und aus den Angeln heben. Die im Herbst 1917 losbrechende Offensive war zunächst sehr erfolgreich. Es gelang ein Durchbruch in die Tiefe, der erst nach etwa hundert Kilometern, an der Piave, zum Halten gebracht werden konnte.

Die fliehenden italienischen Truppen zerstoben in alle Winde. Ihr Heer büßte etwa die Hälfte seiner Kampfkraft ein. Die Stabilisierung der Verteidigung gelang nur deswegen, weil schnell einige französische und britische Großverbände aus Frankreich herangeschafft werden konnten. Mit dem ursprünglichen Plan der Mittelmächte war freilich angestrebt worden, noch weiter vorzudringen, um durch ein strategisch bedrohliches Gewinnen der Po-Ebene die Entente zu einem noch größeren Aderlass der französischen Front zu zwingen.

Allmählich gewann das italienische Heer wieder an Kampfkraft, und im Verein mit britischen und französischen Verbänden konnte die Verteidigung an der Piave gestärkt und aggressiver gestaltet werden. So unternahm die österreichisch-ungarische Führung den Versuch eines weiteren Befreiungsschlages, der aber scheiterte. Im Herbst 1918 rollten dann breitgefächerte Angriffe der Entente, an deren Ende der militärische Zusammenbruch ihres Gegners stand.

3.2 Balkan, Türkei, Kolonien

Unmittelbar nach Kriegsbeginn hatte Österreich-Ungarn den Versuch unternommen, auf dem *Balkan* „Ordnung zu schaffen" – also Serbien niederzuwerfen: den verhassten, kleinen Nachbarn. Allerdings: Das angesichts feindlicher Übermacht zunächst kämpfend zurückgehende serbische Heer konnte schließlich – im Gegenangriff – die Invasoren aus dem Land drängen.

Erst über ein Jahr später gelang es österreichisch-ungarischen, deutschen und bulgarischen Truppen, Serbien samt dem verbündeten kleinen Montenegro zu besiegen und zu besetzen. Dies brachte die Wiederherstellung der strategischen Verbindung mit der Türkei, die bei Kriegsbeginn unterbrochen worden war. (*Nicht ganz korrekt, aber zwecks Vereinfachung wird hier „Türkei" statt „Osmanisches Reich" gesetzt.*)

Bulgarien war im September 1915 zu den Mittelmächten gestoßen, weil sich in Sofia die Überzeugung durchgesetzt hatte, dass die eigenen territorialen Ansprüche bei den Mittelmächten gut aufgehoben wären.

Im Oktober 1915, als die Mittelmächte gegen Serbien losschlugen, waren Truppen der Entente, die Neutralität Griechenlands verletzend, in Saloniki gelandet, um von dort aus nach Makedonien vorzudringen und die Südflanke Bulgariens zu bedrohen. Im weiteren Verlauf des Serbienfeldzuges gelang es dann aber dem bulgarischen Heer, die Interventen zurückzudrängen. Ein späterer Versuch (Sommer 1916), auf griechisches Gebiet vorzudringen, scheiterte jedoch an einem Gegenangriff der Entente mit aus Italienern, Russen, Serben, Briten und Franzosen zusammengewürfelten Verbänden.

Der Sog der Ereignisse zog Griechenland immer mehr in das Lager der Entente, dem es sich allerdings erst 1917 endgültig anschloss.

Nach dem Zusammenstoß vom Sommer 1916 war an der griechisch-makedonischen Front relativer Stillstand zu verzeichnen. Erst im September 1918 sollte es wieder Bewegung geben. Überlegene Kräfte der Entente stießen nach Norden vor, und das bulgarische Heer löste sich auf.

Während Bulgarien sich den Mittelmächten angeschlossen hatte, ging Rumänien, mit vergleichbaren Interessen, den Weg zur Entente (womit es auf den Akt Bulgariens reagierte). Die Entente sprach Rumänien das Recht zu, sich Siebenbürgen, das Banat und Teile der Bukowina anzugliedern. Dafür hatte Rumänien „nur" Österreich-Ungarn den Krieg zu erklären, was – auch unter dem Eindruck der relativ erfolgreichen Brussilow-Offensive – im August 1916 geschah. Unmittelbar danach fiel das rumänische Heer in Siebenbürgen ein. Der großangelegte Gegenangriff deutscher, österreichisch-ungarischer sowie bulgarischer Formationen führte in wenigen Monaten zu einer Besetzung fast des gesamten rumänischen Staatsgebietes, die bis Kriegsende andauerte.

Vor dem Ersten Weltkrieg galt die *Türkei*, ein unterentwickelter Vielvölkerstaat, als ein schwaches Gebilde, das es zu beeinflussen oder, bei Zerfall, zu beerben galt: Großbritannien kümmerte sich um die Kriegsflotte, Frankreich um die paramilitärische Gendarmerie: ein potenzielles Bürgerkriegsinstrument, das im Weltkrieg beim *Genozid an den Armeniern* eine fürchterliche Rolle spielen sollte.

Das Deutsche Reich investierte in die Infrastruktur der Türkei. Mit dem Bau der Bagdadbahn versprach sich Wilhelm II. nicht nur die erwähnte Machtprojektion Richtung Britisch-Indien, sondern unmittelbar auch Einfluss auf die Herrscher in Konstantinopel. Hinzu kam, dass Preußen-Deutschland sich bereits seit etlichen Dekaden um die Reform des türkischen Heeres bemüht hatte, allerdings mit eher mäßigem Erfolg. Doch gelang die Wende zum Besseren, als der Kaiser 1913 General *Otto Liman von Sanders* (1855–1927) mit einer Militärmission nach Kleinasien entsandte – übrigens gegen den energischen Protest der Entente.

Rasch verbesserte der General die Lebensumstände der einfachen Soldaten, und auch Führungsstil sowie taktisches Vermögen der türkischen Offiziere erreichten ein zunehmend höheres Niveau. Diese Neuerungen sollten sich auszahlen, als die militärische Führung der Entente nach dem Eingang der Dardanellen samt der Halbinsel Gallipoli griff. Vor allem mit zwei Zielen: die Türkei aus dem Krieg zu werfen und die Schwarzmeerverbindung zu Russland herzustellen.

Die Kampagne, zuerst nur durch Schiffsartillerie bestritten, dann in Gestalt mehrerer großer Seelandungen mit starker Feuerunterstützung, begann Anfang 1915 und endete im Herbst desselben Jahres mit dem plötzlichen Abzug der Invasionstruppen, die an der Küste in der türkischen Abwehr steckengeblieben waren. Die Verluste beider Seiten waren extrem hoch.

Der türkische Abwehrsieg, Liman von Sanders hatte den Befehl über die verteidigende Armee übernommen (der junge *Mustafa Kemal*, 1881–1938, war einer seiner Divisionskommandeure), resultierte einerseits aus gründlichen Geländevorbereitungen und flexibler Führung auf Seiten der Verteidiger, andererseits aus dem zögerlichen, schematischen Vorgehen der Angreifer, die ihre enorme Materialüberlegenheit nicht angemessen zu nutzen wussten.

Liman von Sanders, als eine Art Generalinspektor des türkischen Heeres, lag in einem Dauerstreit mit *Enver Pascha* (1881–1922), dem Kriegsminister und starken Mann der regierenden Junta. Dieser hatte den Segen des Kaiserlichen Hauptquartiers in Deutschland und konnte Größenwahn verratende Operationen durchsetzen, die alle im Desaster endeten – zum Beispiel: Angriff viel zu schwacher Armeen auf die russische Kaukasusfront; mit unzulänglichen Kräften unternommene Versuche, den Verkehr auf dem Sueskanal zu stören; Kavallerie-Expedition nach Persien, um dort eingedrungene russische Truppen zu „irritieren"; Abzug von für die Verteidigung benötigten Verbänden guter Qualität, um 1918– nach dem Sturz des Zaren – das Machtvakuum im Kaukasus ausnutzen zu können.

Doch der eigentliche Krieg, der das Schicksal der Türkei entschied, fand in Mesopotamien, dem Gebiet des heutigen Irak, und in Palästina statt. Der mittlerweile auch von deutschen Kampftruppen (also nicht mehr ausschließlich Beratern) gestärkte Abwehrkampf der türkischen Armeen gegen die Übermacht der Entente wurde von Enver mehr behindert als unterstützt. Seine Truppen sahen sich systematisch zurückgetrieben, sodass sie im Herbst 1918 ihre kleinasiatische Basis erreicht hatten und kapitulierten.

Mit Beginn des Krieges hatte Großbritannien das Deutsche Reich durch eine Seeblockade von dessen **Kolonien** abgeschnitten. So fielen zwischen September 1914 und Februar 1916 nacheinander folgende Gebiete an die Entente oder mit ihr liierte Staaten: Deutsch-Neuguinea, der Inselbesitz des Reiches im Pazifik, Togo, Kiautschau, Deutsch-Südwestafrika und Kamerun.

Ganz anders Deutsch-Ostafrika: Unter General *Paul von Lettow-Vorbeck* (1870–1964) führte die dortige „Schutztruppe" einen erfolgreichen Guerillakrieg. Den Kampf gegen belgische, französische und britische Truppen (meist solche aus dem Empire) legte der General großräumig an, was mitunter ein Ausweichen auf die Kolonialgebiete der Gegner implizierte. So etwa operierte seine Truppe auch in Portugiesisch-Ost-Afrika, und im November 1918– bevor die Waffen gestreckt werden mussten – befand sie sich im britischen Rhodesien: in militärisch günstiger Position.

Die Höchststärke der Truppenteile unter Lettow-Vorbeck umfasste 3.000 weiße und 11.000 einheimische Soldaten. Durch sie wurden gegnerische Verbände im Umfang von wohl erheblich mehr als 100.000 Mann gebunden.

3.3   Seekrieg: Dreimaliges Fiasko

Wilhelm II. liebte *Kreuzer* – insbesondere die kleinen, „geschützten" (also leichtge-
panzerten und schnellen). Während es bei seiner Thronbesteigung nur zwei kleine
Kreuzer gab, waren es bei Ausbruch des Ersten Weltkrieges 38 (!). Keine andere
Schiffsgattung erlebte in jener Zeit einen solchen Aufschwung. Eigentlich waren
die Kreuzer zum damals so beliebten Flaggezeigen in aller Welt bestens geeignet,
und angeblich auch zum Schutz der Kolonien, doch befanden sich im Sommer
1914 nur sechs kleine und zwei große Kreuzer (letztere älterer Bauart) außerhalb
der heimischen Gewässer.

Das deutsche Ostasiengeschwader bestand aus den beiden großen sowie drei
kleinen Kreuzern. Da sich das Reich mit Japan im Kriegszustand befand, das über
eine starke Flotte verfügte, wich das Geschwader Mitte August zur südamerikani-
schen Westküste aus, wo es Anfang November einen britischen Verband schlug.
Danach machte sich das deutsche Geschwader auf den Heimweg, umrundete Kap
Hoorn und wurde im Dezember 1914 von überlegenen britischen Kräften bei den
Falkland-Inseln vernichtet. Ein kleiner Kreuzer entkam zwar, fiel aber der Royal
Navy später noch zum Opfer.

Die übrigen kleinen Kreuzer hatten unterschiedliche Schicksale. Nur einer
konnte sich einigermaßen erfolgreich als „Handelsstörer" betätigen. Bereits Ende
1914 waren diese Schiffe aber durch Feindeinwirkung oder Eigenverschulden außer
Gefecht. Und auch den zu Beginn des Krieges eingesetzten, relativ großen Hilfs-
kreuzern war im Handelskrieg, ihrer Zweckbestimmung, kaum Glück beschieden,
ihre Tätigkeit nur von kurzer Dauer. Spätere Versuche, mit unauffälligeren Schiffen
in den Ozeanen auf die Pirsch zu gehen, waren zwar erfolgreicher, blieben aber
Episoden.

Der Kaiser setzte auf Flottenrüstung, um den Anspruch des Reiches auf Welt-
geltung anzumelden. Trotz seiner Vorliebe für Kreuzer galten doch zunächst die
Linienschiffe und später die *Großkampfschiffe* als *die* wesentlichen Elemente der
Kriegsmarine, in die auch der Löwenanteil der Investitionen floss. Die Rüstungs-
linie der Großkampfschiffe entstand mit dem „Dreadnought" (*Fürchtenichts*), der
2006 in Portsmouth vom Stapel lief. Die britische Admiralität hatte nämlich beschlossen, auf die Linienschiffrüstung, die anfangs des 20. Jahrhunderts angesichts
der rapiden Zunahme des Welthandels und wachsender Statussucht der maritimen
Staaten allgemein blühte, mit einem Größen- und Leistungssprung zu reagieren,
um die Vorherrschaft der Royal Navy für die Zukunft zu sichern.

Mit diesem Sprung wurde die Wasserverdrängung verdoppelt, wenn nicht gar
verdreifacht, der Panzerschutz wuchs enorm, und die schwere See-Artillerie zählte
nun statt vier zehn oder mehr Rohre. (Im gleichen Kontext stand im Übrigen auch

die Entwicklung von Schlachtkreuzern: ähnlich bewaffnet, aber leichter gepanzert und dafür schneller.) Mit dieser Maßnahme hatte die Admiralität in Whitehall zwar die Linienschiffe aller maritimen Mächte entwertet, aber zugleich auch die eigenen. Ein neues Wettrüsten begann – nun auf höherer Ebene.

Das Deutsche Reich mit seinem Geltungsdrang galt als der wesentliche Herausforderer britischer Flottenmacht. Das strategische Konzept, das von Großadmiral *Alfred von Tirpitz* (1849–1930) entwickelt worden war, sah die Schaffung einer „Risikoflotte" vor. Ihr Kern sollte nicht so groß sein müssen wie jener der Royal Navy, aber doch – vor allem auch qualitativ – so stark, dass bei einer offensiven Begegnung die britische Seite unakzeptablen Schaden zu erwarten hätte. Schon von der Androhung eines solchen Zusammenstoßes wurde eine abschreckende Wirkung erwartet: nämlich den Gegner von einer Seeblockade, dem Abriegeln der Nordsee, abzuhalten.

Was freilich die tatsächlichen Operationen der deutschen Hochseeflotte im Kriege anbelangt, war eher Enttäuschendes zu verzeichnen. 1914 und 1915 kam es in der Nordsee zu kleineren Gefechten, die für die deutsche Seite nicht sehr glücklich verliefen. Die Wende zur Offensive à la Tirpitz sah dann das Frühjahr 1916. Die Hochseeflotte ließ es auf eine Konfrontation mit der Home Fleet ankommen. In der Skagerrak-Schlacht trafen 21 deutsche Großkampfschiffe und Schlachtkreuzer auf 38 britische. Das Reich reklamierte danach den Sieg, waren doch mehr britische Einheiten mit deutlich mehr Seeleuten gesunken als deutsche.

Unterdrückt wurde freilich die Erkenntnis, dass die Hochseeflotte die Schlacht abbrechen musste und dass am Ende 26 gegnerische Einheiten keinen Treffer erhalten hatten – gegenüber nur sechs deutschen. So blieb die britische Seeblockade ungebrochen. Doch in Deutschland wurde weiterhin an Großkampfschiffen gebaut.

Damit konzentrierten sich die Hoffnungen auf das **Unterseeboot** als dem einzigen noch tauglichen Instrument einer Marineführung, die danach trachtete, einen besonders großen Beitrag zum Kriegserfolg zu leisten.

Nach Pionierleistungen der französischen Marine, die bereits Ende des 19. Jahrhunderts U-Boote beschaffte, um sich gegen eine Blockade durch die überlegene Royal Navy wehren zu können (ein Feindbild, das immer noch nicht ganz *ad acta* gelegt war), betrieben dann in der ersten Dekade des 20. Jahrhunderts alle größeren Kriegsflotten eine entsprechende Rüstung.

In der deutschen Marine hatten die U-Boote zunächst keine sonderliche Priorität. So hatte man bei Beginn des Ersten Weltkrieges weniger Einheiten als Frankreich oder Großbritannien. Allerdings war der Anteil der hochseetauglichen Boote größer.

Währende des Großen Krieges aber überholte das Reich seine Hauptkonkurrenz: Während auf den britischen Inseln nur etwa 140 Einheiten in Dienst gestellt wurden, baute Deutschland ca. 370 U-Boote. Davon gingen 320 an die Front, wovon fast 180 nicht zurückkehrten. Typischerweise lag die Wasserverdrängung dieser Boote zwischen 800 und 1.100 t. Sie hatten Reichweiten (bei Überwasserfahrt) von bis zu 7.000 Seemeilen und waren meist mit sechs Torpedorohren ausgestattet.

Viele deutsche U-Boote konnten die Seeblockade durchbrechen und versenkten Handelsschiffe mit insgesamt über 18 Mio. Bruttoregistertonnen, davon zu zwei Dritteln britischen Schiffsraum. Hinzu kamen zahlreiche Kriegsschiffe der Entente. Doch so eindrucksvoll dies auch klingen mag: Man blieb deutlich hinter dem Ziel, die Versorgung Großbritanniens ernsthaft zu gefährden. Und auch die Flottenmacht der Gegner wurde nicht in relevantem Maße geschwächt. Zum Beispiel vernichteten deutsche U-Boote 12 ältere Panzerkreuzer der Entente. Doch verfügten Frankreich, Großbritannien und Italien zusammen über mehr als 60 Schiffe solcher Bauart.

Je mehr die Kaiserliche Marine ihre Hoffnungen in den U-Bootkrieg setzte, umso stärker trat sie dafür ein, diesen möglichst unbehelligt von internationalen Regeln führen zu können. Doch gab es überkommene Vorschriften des Kriegsvölkerrechts, die insbesondere dem Schutz der Neutralen bei einer bewaffneten Auseinandersetzung auf See dienten. So ging es zum Beispiel um die Zuweisung von speziellen Routen für die freie Passage von neutralen Schiffen oder die Pflicht, vor einer etwaigen Versenkung den Bestimmungsort der Ladung durch ein „Prisenkommando" zu kontrollieren. Vor allem die zunächst neutralen USA machten sich zum Anwalt der anderen nicht am Krieg Beteiligten. Die deutsche politische Führung zeigte Kompromissbereitschaft, doch die Vereinigten Staaten verschärften ihre Haltung – insbesondere nachdem bei der Versenkung des britischen Passagierdampfers „Lusitania" (Mai 1915) auch zahlreiche US-Bürger ums Leben gekommen waren.

Nach dem Ausgang der Skagerrak-Schlacht setzte sich die deutsche Marine noch vehementer als zuvor für den „uneingeschränkten Unterseebootkrieg" ein, von dem man sich eine letzte Chance versprach, das verhasste England niederzuwerfen und der dann im Februar 1917 (mit einigen Abstrichen) verkündet wurde.

Anfang April erklärten die USA dem Reich den Krieg. Zur Entente stieß die damals bereits größte Industriemacht der Erde, mit 100 Mio. Einwohnern und einem Marinebudget, das mittlerweile das deutsche weit übertraf. Das Ziel, Großbritannien von seiner Versorgung abzuschneiden, war damit endgültig zum Wahn geworden.

Waffen und Kriegsmittel

4

4.1 MG und Artillerie

1883 erfand der Amerikaner *Hiram Maxim* (1840–1916) das **Maschinengewehr (MG)**: eine automatische Waffe, die den Rückstoß beim Abfeuern für den Nachladevorgang nutzte. (Später gab es auch Entwicklungen, bei denen der Mechanismus der Waffe für das Nachladen und Schießen durch die Explosionsgase der Patronen betrieben wurde.) Ende des Jahrhunderts war das MG zum Verkaufsschlager geworden.

Eine bedeutende Innovation: Während ein Mehrladegewehr der damaligen Zeit nur bis zu 15 Schuss pro Minute erlaubte, betrug die (theoretische) Feuergeschwindigkeit beim MG über 400 Schuss in dem selben Intervall.

Das MG, das zuvor nur bei kleineren, peripheren Kriegen, kolonialen Gemetzeln und gegen streikende Arbeiter eingesetzt worden war, erlebte seine eigentliche Premiere und erste Blüte im Ersten Weltkrieg, und zwar in allen beteiligten Streitkräften. Ein Beispiel: Das deutsche Heer zog mit 2.700 schweren in den Krieg, um ihn mit 36.000 schweren und 35.700 leichten MG zu beenden.

Schwere MG wogen zwischen 35 und 60, leichte lagen bei neun bis 15 kg. Während die Schweren meist von Soldaten einer Spezialtruppe bedient wurden, waren die Leichten in die allgemeine Infanterie integriert.

Die schweren MG wurden hauptsächlich im Grabenkampf verwendet und waren ein essenzielles Element jener Feuerflut, die in den ersten Jahren des Krieges Offensivunternehmungen ertränkte, Truppen an ihre Stellungen fesselte. Die leichten, zumeist erst später entwickelten MG wurden vor allem auch im Zuge der zunehmend – wieder – beweglicher geführten Operationen eingesetzt: etwa von den Sturmtruppen.

Noch wichtiger für die Stärke der Defensive, aber auch für die späteren Durchbruchunternehmungen mit konzentrierten Feuerschlägen, war wohl die *Feldartil-*

lerie: eine Truppengattung, deren Bewaffnung eine epochale *Modernisierung* erfahren hatte.

Es handelte sich um den *hydraulischen Rohrrücklauf*, der es bewirkt, dass der Rückstoß beim Schießen eines Geschützes gleichsam konsumiert wird, dieses nicht zurückrollt und deswegen ununterbrochen bedient werden kann. Ergebnis: Steigerung der Feuergeschwindigkeit auf ein Vielfaches.

Diese Erfindung wurde zunächst in Deutschland gemacht, etwas später unabhängig davon in Frankreich, wo – Ende des 19. Jahrhunderts – die Großserienfertigung des ersten neuartigen Geschützes anlief. Bis in den Ersten Weltkrieg hinein folgten dann die anderen Staaten.

Es ging aber nicht nur um Qualität, sondern auch um Quantität: So begann das deutsche Heer den Weltkrieg mit 6.800 Feldgeschützen moderner Bauart (es gab auch noch älteres Material), um gegen Ende über 17.200 aus neuer Produktion zu verfügen.

4.2 Gas und Kampfpanzer

Ein Bild erscheint vor unseren Augen und macht unendlich traurig. Da ist eine lange Schlange von Soldaten. Der erste, der Führer, ist ein Sehender, alle anderen sind frisch erblindet, hilflos, und halten sich jeweils an ihrem Vordermann fest. **Gaskrieg** steht mehr für den Horror des Ersten Weltkrieges als alle anderen Schrecken.

Auf konzeptioneller Ebene hatten sich vor dem Krieg auch französische und britische Militärs mit der Möglichkeit befasst, Giftgas als Waffe zu verwenden, doch die Schwelle hin zur Praxis wurde von den Deutschen überschritten. Der erste große Giftgasangriff geschah bei Ypern in Flandern im Frühjahr 1915. Dadurch gelang ein beträchtlicher Einbruch in die Front der Entente. Dieser kam in seinen Dimensionen so unerwartet, dass die deutsche Seite ihn nicht unmittelbar ausnutzte und die Gegner Schutzmaßnahmen improvisieren sowie Reserven zur Abriegelung heranholen konnten.

Giftgas wurde fortan von beiden Seiten eingesetzt – in erster Linie um Einbrüche zu erzielen, wieder Bewegung in die Front zu bringen. Zunächst wurden die Kampfstoffe aus Druckflaschen mit dem Wind in Richtung des Feindes abgeblasen. Dies erwies sich etwa bei plötzlich veränderter Windrichtung als problematisch. So wurde das Gas schon bald als Füllung von Artilleriegranaten in die gegnerischen Stellungen verschossen. Aber selbst dann verblieb eine nicht unbeträchtliche Wetteranfälligkeit – zum Beispiel auch gegenüber Regen und Frost. Die Taktiker auf beiden Seiten sahen jedenfalls Schwierigkeiten. Der Giftgaseinsatz hatte erkennbare Grenzen.

Dennoch schwoll im Laufe des Krieges die Giftgasproduktion an – und auch die der Schutzmittel (Gasmasken). Vor allem für das deutsche Heer wurden chemische Kampfstoffe immer mehr zum Mittel der Wahl, um seinen Offensiven zum Erfolg zu verhelfen. So war das Verschießen von Giftgasgranaten integraler Bestandteil des großen Durchbruchversuches unter Ludendorff im Frühjahr 1918. Und so ergab es sich, dass im Deutschen Reich mehr Kampfstoffe hergestellt wurden als von der Entente.

Bei einer weiteren wichtigen Innovation, die den Zweck hatte, den Stellungskrieg zu überwinden, handelte es sich um das, was heute *Kampfpanzer* genannt wird. Nachdem 1912 das Kriegsministerium in Wien einen tauglichen Entwurf aus Ignoranz abgelehnt hatte, gab es dann in Großbritannien (inspiriert durch das *landships committee*) und in Frankreich ab 1915 entsprechende Auftragsentwicklungen. Zu konstruieren waren Vehikel, die fähig sein sollten, Gräben zu überwinden und unter Panzerschutz Waffen vor allem gegen die Infanterie des Kontrahenten einzusetzen.

Bereits im Frühjahr 1916 gingen die ersten britischen *Tanks*, so nannte man die neuen Gefährte aus Geheimhaltungsgründen, an die Front in Frankreich. Es handelte sich um schwerfällige, turmlose Ungetüme: Kettenfahrzeuge, die aus ihren Flanken mit mehreren MG und zum Teil auch kleinen Kanonen schossen.

In der Somme-Offensive (Sommer 1916) wurden von der British Army 50 Panzer eingesetzt, bei Cambrai (November 1917) waren es bereits fast 500. Insgesamt bauten Frankreich und Großbritannien über 2.500 schwere und mittlere Panzer mit Gewichten bis zu 33 t, Frankreich alleine noch 3.000 leichte (7 t, bereits mit Drehturm). Erstere waren insbesondere für Durchbrüche, letztere für deren Ausnutzung vorgesehen.

Solche Durchbrüche gelangen jedoch wegen der damals sehr schematischen Panzertaktik (Angriffe auf breiter Front und Angst vor offenen Flanken) nur recht selten – und wenn, dann ohne größere Bedeutung für die Gesamtlage. Gleichwohl resultierten die zunehmend mächtigeren Panzerangriffe der Entente in einer fortschreitenden Auszehrung des deutschen Heeres. Dieses verfügte nur über 20 Kampfpanzer aus eigener Produktion sowie etliche Beutefahrzeuge. Man setzte zu Durchbruchzwecken lieber auf neue Taktik – und das *Gas*.

4.3 Zeppeline und Flugzeuge

Im Deutschen Reich hatte sich anfangs des 20. Jahrhunderts um die Starrluftschiffe des *Grafen Ferdinand von Zeppelin* (1838–1917) ein wahrer Kult entwickelt. Diese phallischen Riesenwürste schienen in der deutschen Seele etwas anzusprechen:

nämlich das Bedürfnis, der Welt technologische Überlegenheit und Machtanspruch zu signalisieren.

Flugs wurde diese Innovation vom Militär vereinnahmt: als etwas, das der mutmaßliche Gegner nicht hatte, ein neues Mittel für die strategische Aufklärung. Während des Ersten Weltkriegs ließen Heer und Marine über 100 *Zeppeline* bauen (mit Verbesserungen durch die Firma *Schütte-Lanz*). Zwei Drittel davon gingen im Krieg verloren.

Bald kam als militärische Aufgabe das Bombardement aus der Luft hinzu – Hauptziel ab 1915: die britischen Inseln. Bis 1917 wurden knapp 200 t Bomben abgeworfen (ein Bruchteil dessen, was im Zweiten Weltkrieg bei einem *einzigen* alliierten Luftangriff auf *eine* deutsche Stadt fiel).

Anfang 1917 stellte das deutsche Heer die Bombenangriffe seiner Zeppeline ein; nur die Marine machte weiter, allerdings auf kleiner Flamme. Der Grund: Ab 1916 konnten die MG der britischen Abfangjäger Brandmunition verschießen, und die Zeppelinverluste hatten stark zugenommen.

Die Bombenangriffe der Zeppeline richteten zwar nur sehr begrenzten Schaden an, banden aber erhebliche britische Luftabwehrkräfte. Dem stand allerdings die Tatsache gegenüber, dass der Bau und Unterhalt von Starrluftschiffen extrem aufwendig war, wurden doch für die Gerippe der über 200 m langen Ungetüme große Mengen des knappen und kostbaren Aluminiums benötigt und erforderte doch der Bau der riesigen Luftschiffhallen Stahl bester Qualität in ebenfalls enormer Quantität. Und das in einem Land, das vom internationalen Warenaustausch weitgehend isoliert war!

Mit dem Ausscheiden der Zeppeline als wesentliche Bombenträger großer Distanz gewannen die Bombenflugzeuge an Bedeutung. Überhaupt erlebte das gerade erst realisierte Fliegen nach dem Prinzip „schwerer als Luft" im Ersten Weltkrieg einen ungeheuren Aufschwung. Hatten am Anfang die neuen Maschinen im deutschen Heer noch Seltenheitswert, verfügte man gegen Ende des Krieges, nach hohen Einsatzverlusten, immer noch über ca. 4.800 *Flugzeuge*. (Die Staaten der Entente besaßen zusammengenommen, nach ebenfalls hohen Verlusten, das Mehrfache.)

Es gab Differenzierungen und enorme Leistungssteigerungen. Die Masse der Maschinen, zunehmend kampfstärkere Jagdflugzeuge, sollte sicherstellen, dass die anderen ihre „Arbeit tun" konnten: Aufklärer, Schlachtflugzeuge zum unmittelbaren Einwirken auf die Front und eben die Bomber, die den Kern des Ganzen bildeten.

Die Oberste Heeresleitung (OHL) hatte insgesamt etwa 400 Maschinen der zweimotorigen schweren Typen Gotha G.IV und G.V produzieren lassen, die je-

doch nicht alle an die Front gingen. Hinzu kamen 18 viermotorige „Riesenflug-
zeuge" (R.VI).

Vom Mai 1917 bis zum Frühjahr 1918 wurden zunächst mit G.IV, später auch
durch G.V und R.VI, von Belgien aus Bombenangriffe gegen die englische Südost-
küste und London geflogen – anfänglich bei Tage, aber bald wegen der Luftabwehr
nur noch bei Nacht. Die Gesamtlast der abgeworfenen Bomben lag unter 400 t.

Außer dass britische Luftabwehr gebunden wurde, die Entente hatte allerdings
einen Überschuss an Flugzeugen, war die Erfolgsbilanz der Fernbomberei mager.
So dirigierte die OHL ihre Bomber um: zur Unterstützung der großen Frühjahrsoffensive 1918. Doch auch hier war der Effekt marginal.

In Großbritannien war man inzwischen nicht müßig geblieben und hatte den
Handley Page-Bomber entwickelt: leistungsstärker als die Maschinen der Gotha-
Serie. Dieser wurde in mehr als doppelt so großer Stückzahl produziert. Ab April
1918 flogen jeweils bis zu 40 Flugzeuge dieses Typs Angriffe gegen Industriestädte
an der Saar und im Rheinland. *Das Empire schlug also zurück.*

Entbehrungen und Opfer

5

5.1 Hunger und Ziviltote

Die Sozialdemokratie als Vertreterin der werktätigen Massen stimmte Anfang August 1914 im Reichstag den Kriegskrediten zu – und damit der Anschubfinanzierung für das, was da kommen sollte. Man verriet also die eigenen internationalistischen Ideale, die etwa auch die französischen Arbeiter als Brüder erscheinen ließen.

Sicherlich ging es den Genossen darum, nun endlich beweisen zu können, keine „vaterlandslosen Gesellen", sondern gute Patrioten zu sein. Und sicherlich war die Haltung ihrer Partei dadurch mitbestimmt, dass man glaubte, damit einen Verteidigungskrieg gegen ein autokratisch-barbarisches Russland zu unterstützen (wie von der Regierungspropaganda insinuiert worden war). Doch dürfte zu der Entscheidung der Partei ebenso wesentlich beigetragen haben, dass – im Vertrauen auf die deutschen Waffen – ein schneller, vollkommener Sieg, etwa bis Weihnachten 1914, erwartet wurde. Große Belastungen für die „einfachen Leute" erschienen jedenfalls ausgeschlossen.

Doch es kam anders. Die Bevölkerung in der Heimat hungerte, und viele Menschen starben an Unterernährung – je länger der Krieg dauerte, umso mehr. Versorgungsengpässe zeigten sich zwar schon von der zweiten Hälfte des Jahres 1914 an. Das Deutsche Reich hatte nämlich zuvor ein Viertel seiner Nahrungsmittel importiert und bekam nun die britische Seeblockade zu spüren. Eine äußerst ernste Versorgungskrise gab es aber erst im Winter 1916/17 („Steckrübenwinter") im Gefolge einer verregneten Kartoffelernte. (Die Kartoffel war zunehmend zum Hauptnahrungsmittel des Volkes geworden.)

Auch die Industriearbeiter darbten und konnten selbst dadurch nicht wirklich zufriedengestellt werden, dass die OHL ihnen im Rahmen neuer staatlicher Lenkungsnahmen für die Kriegswirtschaft („Hilfsdienstgesetz" 1916) gewisse Mitwirkungsrechte zubilligte (und damit Voraussetzungen für das spätere *Betriebsrätege-setz* schuf).

Während des Krieges starben im Deutschen Reich 700.000 Menschen an Unter-ernährung. Das ist etwas mehr als ein Prozent der Gesamtbevölkerung bei Kriegs-beginn. Zum Vergleich: Serbien verlor 11 % seiner Menschen, Montenegro sogar 16 Prozent. In beiden Ländern kumulierten Unterversorgung und die unmittelbaren Einwirkungen des Kriegsgeschehens. Die *Schätzung aller Ziviltoten* des Krieges liegt bei fast *acht Millionen.*

5.2 Verwundete und Gefallene

Im Ersten Weltkrieg wurden etwa *20 Mio. Soldaten verwundet. Neun bis zehn Mil-lionen verloren ihr Leben.* Hier eine Länderauswahl:

Das *Deutsche Reich*, das mehr als 13 Mio. Soldaten aufgebracht hatte, musste über zwei Millionen getötete beklagen (ca. 15 %).

Russland verzeichnete bei einer Gesamtheit von unter 16 Mio. Soldaten 1,8 Mio., die im Krieg blieben (ca. 11 %).

Österreich-Ungarn konnte rund neun Millionen Soldaten aufbringen. Fast 1,5 Mio. kamen um (ca. 16 %).

Frankreich rief im Mutterland über acht Millionen Soldaten zu den Fahnen, von denen über 1,3 Mio. starben (ca. 16 %).

Aus den *französischen Kolonien* wurden 450.000 Soldaten herangezogen, von denen fast 80.000 umkamen (ca. 17 %).

Großbritannien (und Irland) zählten bei einer Gesamtzahl von 6,1 Mio. 750.000 Soldaten, die nicht zurückkehrten (ca. 12 %).

Australien und *Neuseeland* hatten fast 80.000 Tote bei einer Gesamtzahl von 430.000 entsandten Soldaten. Aus den übrigen Gebieten des British Empire (*Kolonien*) kamen 2,4 Mio., von denen über 100.000 im Krieg starben (ca. 4 %).

Italien, mit 4,3 Mio. Soldaten, erlitt Todesopfer im Umfang von 460.000 Mann (ca. 11 %).

Die *Türkei* mobilisierte insgesamt 1,6 Mio. Soldaten, von denen im Krieg über 300.000 ihr Leben verloren (ca. 20 %).

Die *Vereinigten Staaten* entsandten 2,1 Mio. Mann nach Europa. Dem standen knapp 120.000 gegenüber, die im Krieg blieben (ca. 6 %).

Allerdings: In *Serbien* umfasste der Anteil der im Felde Gebliebenen ein Drittel und in *Rumänien* ein Viertel der Soldaten.

Zahlreiche Länder, die am Krieg teilgenommen hatten, standen danach vor der Aufgabe, eine mehr oder minder ausgeprägte demografische Katastrophe zu bewältigen. Es mangelte an Männern, vor allem an jüngeren. Darunter litten wirtschaftliche Entwicklung und die natürliche Reproduktion der Bevölkerung – und zwar für etliche Dekaden.

5.3 Kriegsneurosen und Psychiatrie

Tagelanges Trommelfeuer, um ein Stellungssystem „weich zu klopfen"; konzentrierte, kurze Feuerschläge, um Durchbrüche zu erzielen; dichtes Artillerieschießen der Verteidiger in stürmende Infanterie hinein: Wer auch nur etwas davon erdulden musste, wurde mit einiger Wahrscheinlichkeit „verrückt". Vor allem jene Soldaten, die Explosionen in nächster Nähe hatten aushalten müssen, entwickelten oft eine Vielzahl neurotisch bedingter Symptome: Gedächtnisverlust, Dämmerzustände, Phasen geistiger Verwirrung, Lähmungen, Blindheit oder Taubheit. Besonders typisch war ein unkontrolliertes Zittern der Extremitäten, des Kopfes oder des ganzen Körpers. Dies erschien häufig mit einer Beschleunigung oder Unregelmäßigkeit des Pulses, Angstzuständen, Erregbarkeit oder der Unfähigkeit verbunden, sich zu konzentrieren.

Die enge Verknüpfung dieses Krankheitsbildes mit Granatexplosionen führte dazu, dass man es als „Granatschock" (*shell shock*) bezeichnete.

Als das Phänomen sich im Krieg zunächst nur vereinzelt zeigte, wurden noch die Stimmen von Psychiatern beachtet, die einen neurotischen oder neurologischen Hintergrund vermuteten. Bald aber entwickelte sich eine Mehrheit von Spezialisten, vor allem im Deutschen Reich und in Österreich-Ungarn, welche die „Zitterer" als geschickte Simulanten bezeichneten, die unbedingt an die Front zurückzutreiben wären. Vor allem bei den Mittelmächten, mit ihrer kurzen Personaldecke, grassierte nämlich in militärnahen Kreisen die Angst, dass epidemisch sich ausbreitende Ausfälle durch Granatschock die Kampfkraft der Armeen aushöhlen könnten.

Das Mittel der Wahl bestand in extrem schmerzhaften Elektroschocks („Faradisation"), die angebliche Simulanten gleichsam zur Besinnung bringen und wieder feldverwendungsfähig machen sollten (oft aber in den Selbstmord trieben). Hier ein Auszug aus einem Artikel der österreichischen Wochenzeitung „Der freie Soldat" vom 28. Februar 1919:

Es ist uns eine Schilderung zugegangen, aus welcher … hervorgeht, dass versucht wurde, mit Hilfe von Qualen das Aufgeben der angeblichen Simulation zu erpressen. Unser Gewährsmann, ein Offizier, der im Felde durch eine in der Nähe explodierende Granate eine Gehirnerschütterung erlitten hatte, beschreibt uns … die … freundlichen

Mittel, die man ihm gegenüber angewendet hat. ... Ganz nach der Art mittelalterlicher Folterknechte drohte ihm (der Arzt) die Faradisation an, ließ ihn zuschauen, wie sich die unglücklichen Opfer bei der ... Starkstrombehandlung brüllend vor Schmerzen in Qualen wanden, und ihn schließlich selbst dieser Marter unterwerfen. All dies nur, damit dem Militarismus nicht vielleicht doch ein Opfer entgehe.

Friedensinitiativen und Abkommen 6

6.1 Bemühungen und Widerstände

Schon ab Herbst 1914, als sich die Perspektive eines langen, kräftezehrenden Krieges abzeichnete, hatte es zwischen Vertretern des Deutschen und des Russischen Reiches – so zaghafte wie erfolglose – Friedenssondierungen gegeben. Gewichtiger kam aber ein Friedensangebot des deutschen Reichskanzlers *Theobald von Bethmann Hollweg* (1856–1921) daher, das er im Dezember 1916 im Reichstag machte.

Dieses Angebot zu Friedensverhandlungen war vermutlich ernst gemeint, enthielt jedoch irritierende rhetorische Konzessionen an die deutschen Nationalisten, erschien wenig konkret und wurde vor allem auch deswegen von der Entente als Täuschungsmanöver zurückgewiesen. Mit seiner Initiative handelte sich Bethmann Hollweg die Gegnerschaft der OHL ein, galt als politisch isoliert und trat Mitte 1917 zurück.

Das Reich befand sich Ende 1916 wahrlich in einer Lage, die eine rasche Kriegsbeendigung nahelegte: hungerte doch die Bevölkerung und schien doch das Aufbrauchen der Kriegsressourcen absehbar. In Österreich-Ungarn war die Situation sicherlich noch prekärer: gab es doch hier außer sich verschlimmernden Ressourcenengpässen noch das Problem der durch den Krieg verstärkten zentrifugalen Tendenzen in einem Vielvölkerstaat. So sandte bald auch die Doppelmonarchie Friedenssignale aus, und zwar in Geheimgesprächen mit Frankreich, die freilich ebenfalls ergebnislos blieben.

Die Mächte der Entente zeigten sich gegenüber den Avancen der Mittelmächte wenig aufgeschlossen, ja schroff ablehnend. Dabei waren auch ihre Kräfte überanstrengt. So etwa geriet die französische Armee im Zuge ihrer verlustreichen Frühjahrsoffensive 1917 durch Meutereien an den Rand eines Desasters. Doch gab die Macht der nationalistischen Kriegspropaganda dem Kompromissdenken keine Chance. Und vor allem: Die Perspektive eines Kriegseintritts der Vereinigten Staaten und der damit zu erwartenden Flut an Menschen und Material stärkte den

L. Unterseher, *Der Erste Weltkrieg*, essentials,
DOI 10.1007/978-3-658-05230-0_6, © Springer Fachmedien Wiesbaden 2014

Durchhaltewillen der Entente immens (Anfang Februar 1917: Abbruch der diplomatischen Beziehungen zwischen den USA und Deutschland).

Ironie der Geschichte: Nicht zuletzt auch wegen der amerikanischen Kriegsbeteiligung und den damit fließenden Mitteln dürften die im weiteren Verlauf unternommenen Vermittlungsbemühungen des Präsidenten der Vereinigten Staaten, *Thomas Woodrow Wilson* (1856–1924), nichts gefruchtet haben.

6.2 Niederlage und Waffenruhe

Das erste größere Land, das aus dem Krieg ausschied, war Russland. Zwar gab es, schon unmittelbar nachdem im März 1917 der Zar gestürzt worden war und in Petrograd eine bürgerlich-sozialdemokratische Koalition die Regierung übernommen hatte, gewisse Chancen für einen separaten russisch-deutschen Waffenstillstand. Diese wurden aber vertan, weil die neue Regierung auf einer Wiederherstellung russischen Staatsgebietes bestand, die deutsche Seite, insbesondere die OHL, aber im Krieg gemachte Gebietsgewinne gesichert sehen wollte. Der Krieg ging im Osten weiter, und das russische Heer erlitt im Sommer 1917 die erwähnte totale Niederlage.

Nach der darauf folgenden Novemberrevolution der Bolschewiki gab die Führung der neugegründeten Sowjetunion den ganz Kampf auf. Deutsche Truppen rückten in noch nicht besetzte Teile des Baltikums, der Ukraine und auf großrussisches Territorium vor. Anfang März 1918 folgte dann der Siegfrieden von Brest-Litowsk. Damit erschien ein guter Teil deutscher Landnahme abgesegnet. Diese „Vereinbarung" wurde freilich mit dem Waffenstillstand, den das Reich gegen Ende des Jahres mit der Entente schliessen musste, wieder kassiert.

General Ludendorff, der starke Mann der OHL, hatte die Reichsregierung bereits Ende September 1918 ersucht, mit den Mächten der Entente in Waffenstillstandsverhandlungen einzutreten. Er stand unter dem Eindruck der verheerenden Wirkung der großen Offensiven, die vom Sommer desselben Jahres an im Westen gegen das deutsche Heer anrollten. Die Überlegenheit der amerikanischen, britischen und französischen Truppen an Menschen und Material war so gewaltig, dass auch ohne viel militärische Raffinesse zunehmend Geländegewinne gemacht werden konnten und die Verteidigung immer mehr ausblutete.

Die deutsche Unterlegenheit war freilich zu einem guten Teil selbstverschuldet. Zwar hatte die OHL für ihre am Ende erfolglose letzte große Offensive im Frühjahr 1918 relativ ausgeruhte Truppen aus dem besiegten Russland nach Frankreich bringen lassen, doch in eher begrenztem Rahmen. Ein beträchtlicher Teil des Ostheeres blieb damit beschäftigt, dem russischen Riesen entrissene Gebiete zu okkupieren.

Die nationalistische, ja imperialistische Gier nach Land verhinderte eine wirklich substanzielle Stärkung der Westfront.

Soldat *und* Technik: Es ist die spekulative Frage zumindest erlaubt, ob eine Konzentration der Rüstungsproduktion auf die Bedürfnisse der Hauptfront die Materialüberlegenheit der Westmächte nicht deutlich gemindert hätte. Man denke in diesem Zusammenhang etwa an die unsinnigen Investitionen in die „Fernbomberei" und an den gigantischen Stahlverbrauch beim Bau weiterer überflüssiger „Dickschiffe" und vor allem bei der politisch-strategisch problematischen Massenfertigung von U-Booten!

Für Ludendorff allerdings war die Sache klar. Das deutsche Heer, das sich – bei einigen Auflösungserscheinungen – insgesamt geordnet zurückzog, wäre im Felde unbesiegt geblieben. Die Schuld für das offenkundige Versagen wies er der Heimat zu, deren Durchhaltewillen unter „spartakistisch-sozialistischen" Umtrieben gelitten hätte. Damit schuf er die Grundlage der „Dolchstoßlegende". Üble Kräfte wären der kämpfenden Truppe in den Rücken gefallen.

Die Aufgabe, um einen Waffenstillstand zu ersuchen, fiel einer Übergangsregierung unter einem liberalen süddeutschen Aristokraten zu, die von der Mehrheits-Sozialdemokratie (M-SPD), die Partei hatte eine linksradikale Abspaltung erlitten, der liberalen Fortschrittspartei und dem Zentrum getragen wurde. Die dem US-Präsidenten Woodrow Wilson übermittelte Anfrage wurde zunächst zurückgewiesen. Es gäbe Zweifel am deutschen Friedenswillen, solange noch der Kaiser an der Spitze des Reiches stünde. Es bestand Handlungsdruck. So erhielt Deutschland bereits Ende Oktober durch eine Verfassungsänderung ein parlamentarisches Regierungssystem. Am **11. November 1918** kam es dann zum **Waffenstillstand**.

Zuvor war es im kriegsmüden Deutschland zu Unruhen gekommen: Matrosenaufstand in Kiel, Verkündung einer bayrischen Republik in München, Bildung von Arbeiter- und Soldatenräten nach dem Vorbild der Bolschewiki, Streiks und Großdemonstrationen. Am 9. November wurde in Berlin die „deutsche Republik" ausgerufen und kurz danach, vor anderem Publikum, die „freie sozialistische Republik Deutschland".

6.3   Diktat und Reaktion

Nach dem Waffenstillstand kam der Friedensschluss, der sich für Deutschland bald als Diktat herausstellen sollte. Der Ort des Geschehens war *Versailles*, ein Pariser Vorort. In anderen Vororten der französischen Hauptstadt wurden die Fälle der Verbündeten des Deutschen Reiches auf ähnliche Weise behandelt: *Saint-Germain* – Österreich, *Trianon* – Ungarn, *Neuilly* – Bulgarien und *Sèvres* – Türkei.

Die in Versailles versammelten Vertreter der Siegermächte konfrontierten diejenigen Deutschlands am 7. Mai 1919 mit ihren Friedensbedingungen. Danach sollte das besiegte Land sich zur Schuld am Ersten Weltkrieg bekennen, neben den Kolonien Gebiete mit 10 % seiner Bevölkerung verlieren (an Polen, Dänemark, das nicht am Krieg beteiligt war, Belgien und Frankreich) sowie Reparationen für die angerichteten Kriegsschäden bezahlen, die so immens waren, dass sie die deutsche Wirtschaftskraft weit überfordert hätten. (In den 1920er Jahren gelang es dann allerdings auf dem Verhandlungsweg, die Zahlungsverpflichtungen zu mindern und zu strecken.)

Die Vertreter Deutschlands lehnten den Vertragstext ab. Es gelang ihnen aber, eine Volksabstimmung für Oberschlesien durchzusetzen – ein Gebiet, das man eigentlich ohne Umstände an das neue Polen hatte geben wollen. Am 17. Juni 1919 folgte dann ein Ultimatum: Die Bedingungen müssten innerhalb von sieben Tagen angenommen werden. Andernfalls würde es erneut Krieg geben. Daraufhin trat die deutsche Regierung zurück; die ihr nachfolgende zeigte sich zur Annahme bereit, allerdings ohne Anerkennung der Kriegsschuld. Doch die andere Seite blieb unerbittlich. Organisatorische Vorbereitungen für einen erneuten Waffengang waren getroffen worden.

Die Nationalversammlung in Weimar, der Reichstag war noch nicht gewählt, stimmte daraufhin einer Unterzeichnung zu, die dann am 23. Juni zugesagt wurde.

Matthias Erzberger (1875–1921), ein prominenter Zentrumspolitiker, der sich in besonderem Maße für die Annahme des Vertragswerkes eingesetzt hatte, wurde von ehemaligen Offizieren ermordet. Die politische Rechte hatte ihr Thema: Mit der Annahme des Diktats war die Republik von Weimar, die ohne einen „Dolchstoß" in den Rücken des Heeres gar nicht erst hätte gegründet werden können, von vornherein besudelt. Diese faule Botschaft stieß bis weit ins bürgerliche Lager auf offene Ohren.

Dabei hatte 1919 auch *Paul von Hindenburg* (1847–1934), im Weltkrieg oberster deutscher Soldat, Heros und späterer Reichspräsident, eine Wiederaufnahme des Kampfes für illusorisch erklärt.

Weitreichende Folgen

7

Die führenden Staaten Europas erschienen vor Ausbruch des Ersten Weltkrieges als Quell und Garanten des zivilisatorischen Fortschritts. Weil sie sich durch imperiale Ansprüche und nationalistische Bestrebungen in diesen Krieg hineintreiben ließen, ging ihre Würde als zivilisierte Geschichtssubjekte verloren, war ihr Kredit verspielt.

Frankreich und Großbritannien, die beiden wesentlichen imperialen Mächte Europas auf der Siegerseite gingen geschwächt aus dem Krieg hervor. Sie hatten ihre Ressourcen überstrapaziert (ökonomisch vitale Gebiete Frankreichs waren verwüstet). Dadurch, dass die Vereinigten Staaten ihnen gegen Ende hatten aushelfen müssen, verloren sie an internationalem Status und Einfluss.

(Das mit der Entente locker verbundene Japan ging dagegen gestärkt aus dem Krieg hervor. Die etablierten Mächte der Siegerkoalition hatten nämlich der Regierung in Tokio im Hinblick auf Einflusszonen im Fernen Osten große Zugeständnisse machen müssen, um diese zum Mitmachen zu bewegen. Zugeständnisse, die dem japanischen Expansionismus entgegenkamen und Voraussetzungen für eine Konfliktlage schufen, die den Ausbruch des Zweiten Weltkrieges auch im Pazifikraum begünstigte).

Die mit dem Krieg erfolgende Delegitimierung Großbritanniens und Frankreichs als Mächte globalen Einflusses ermutigte nationalistische Unabhängigkeitsbewegungen in den jeweiligen Kolonien. In diesem Sinne ist der Erste Weltkrieg als Beschleuniger jener Tendenzen zu begreifen, die nach dem Zweiten Weltkrieg zur allgemeinen Entkolonisierung führten.

Die *Schwächung des Imperialen* wird allerdings noch deutlicher, wenn der Blick auf die großen Verlierer des Ersten Weltkrieges in Europa fällt: Deutschland, Russland und Österreich-Ungarn.

Das Deutsche Reich verlor bekanntlich alle seine Kolonien und Gebiete am Rande seiner Kernlande. Doch die beiden anderen großen Verlierer mussten in viel größerem Stil neuen Ansprüchen Platz machen. Die Sowjetunion, als Rechtsnachfolgerin des Zarenreiches, hatte sich aus beträchtlichen Gebieten an ihrer europäischen Peripherie zurückzuziehen. Dramatischer aber noch das Schicksal Österreich-Ungarns: Die Doppelmonarchie zerbrach und löste sich in eine Reihe unabhängiger Gebilde auf.

Völker bekamen – in Erfüllung nationalistischer Verheißungen – ihre „eigenen" Staaten. Zudem wurden aus der „Erbmasse" bereits existierenden, nach territorialer Erweiterung gierenden Nationalstaaten Gebiete zugeschlagen (Beispiel: die wundersame Vergrößerung vor allem Rumäniens, aber auch Italiens).

Damit erschien die Landkarte zwar neu geordnet, aber keineswegs in einem Sinne, der Friedfertigkeit für die Zukunft versprach. Mit den neuen Grenzen hatten sich in etlichen Fällen die Ansprüche an den jeweils anderen keineswegs erledigt, und als Folge des Krieges erwiesen sich viele Staaten im Innern als instabil. Massenelend und neue politische Eliten, die sich ihrer frisch erlangten Macht nicht sicher waren, kennzeichneten das Bild. Autoritäre Regierungsformen breiteten sich epidemisch aus. Faschismus und Nationalsozialismus, Ursprünge des Zweiten Weltkrieges, waren Teil dieses Trends.

Welche Probleme *nationalistische Regungen* zeitigen können, zeigt auch ein Blick auf den Vorderen Orient:

Während des Weltkrieges versprach Großbritannien der jungen zionistischen Bewegung das Recht auf eine eigene „Heimstatt" (mit staatlicher Qualität) in Palästina: in der Absicht, damit die besondere Unterstützung der Judenheit in den Ländern der Entente zu gewinnen. Parallel dazu wurde aber auch der arabischen Seite die Perspektive verheißen, einen eigenen Staat gründen zu können – ebenfalls in Palästina: in der Absicht, damit einen arabischen Aufstand gegen das Osmanische Reich zu beflügeln, mit dessen Niederwerfung die Truppen der Entente sich schwer taten. Die damit gemachten konfligierenden Versprechungen bilden den Hintergrund einer krisenträchtigen Konstellation, die uns noch heute in Atem hält.

Nachdem das Osmanische Reich 1918 an allen Fronten kapituliert hatte und danach im Wesentlichen auf die kleinasiatische Rest-Türkei – etwa in den heutigen Dimensionen – reduziert wurde, pochte das auf der Siegerseite stehende Griechenland auf weitere Gebietskonzessionen, die ihm in einem der Pariser „Vorort-Verträge" zugesprochen worden waren. Diese hatten zwar die – erzwungene – Zustimmung der alten, nicht aber der neuen türkischen Führung gefunden.

Von panhellenischen Visionen beflügelt, begann die griechische Armee 1920 eine Invasion Kleinasiens und stieß weit nach Anatolien vor. Die als Folge des Großen Krieges darniederliegende Türkei versprach eine leichte Beute zu sein. Doch sammelte und regenerierte Mustafa Kemal (der spätere *Atatürk*), mittlerweile türkischer Oberbefehlshaber, seine letzten Reserven. Es gelang ihm, aus der Defensive heraus, die Invasoren zu schlagen, um sie über die Ägäis zurückzutreiben (1922).

In diesem Zusammenhang kam es auf beiden Seiten zu blutigen „ethnischen Säuberungen". Auch diese – damals entstandene – Konfliktlage beschäftigt uns noch heute.

Zwar hatte sich der Erste Weltkrieg mit seinem Horror vor allem in Europa und im Vorderen Orient abgespielt, doch kam die Initiative, in der Zukunft kriegerische Auseinandersetzungen möglichst zu vermeiden, über den Nationalstaaten eine Ebene der Befriedung zu schaffen, aus den USA – nämlich Anfang 1918 von Thomas Woodrow Wilson. In seinem 14-Punkte-Katalog forderte der amerikanische Präsident einen Zusammenschluss der Nationen, eine Friedensordnung für die Welt. Daraufhin wurde 1920 der *Völkerbund* gegründet.

Dessen Legitimationsbasis war allerdings schwach. Zu Anfang waren nur die Siegerstaaten als Mitglieder zugelassen, von denen freilich die USA, die mittlerweile eine isolationistische Wendung gemacht hatten, auf einen Sitz verzichteten. Nach und nach wurden dann auch Verlierer und am Krieg nicht Beteiligte zugelassen.

Der Völkerbund trieb die Weiterentwicklung des Völkerrechts voran, konnte zum Beispiel eine Ächtung des Gaskrieges erreichen, und bot ein Instrumentarium für die Schlichtung zwischenstaatlicher Streitigkeiten. Hierbei gab es Erfolge, wenn es sich um eher periphere Konflikte handelte. Bei der Entschärfung sich anbahnender Krisen zwischen gewichtigen internationalen Akteuren versagte der Völkerbund aber – besaß er doch mangels eigener Machtmittel nur sehr begrenzte Autorität. 1946 wurde er offiziell beerdigt.

Ein Jahr zuvor hatten die Vereinten Nationen sein Erbe angetreten – von einer breiteren Mitgliederbasis legitimiert, doch ebenfalls mit strukturellen Schwächen behaftet, aber nach über einem halben Jahrhundert seiner Existenz ein unverzichtbares und für reformwürdig gehaltenes Weltforum.

Literatur und Filme

In allen Teilnehmerländern des Ersten Weltkrieges ist das ungeheuerliche Schock-erlebnis **literarisch** verarbeitet worden – in den ersten Jahren danach sehr vielstim-mig, später dann noch sporadisch. Wir konzentrieren uns auf eine kleine Auswahl deutscher Autoren, die aus ihrer unmittelbaren Kriegserfahrung höchst unter-schiedliche Konsequenzen gezogen haben und deren Schlüsselwerke zwei Kriterien erfüllen: Authentizität und große Verbreitung.

Ernst Jünger (1895–1998) war Offizier an der Westfront: vielfach verwundet, hochdekoriert. 1920 veröffentlichte er die voluminöse Erzählung „In Stahlgewit-tern. Aus dem Tagebuch eines Stoßtruppführers", wurde damit auf einen Schlag berühmt und zu einer geistigen Ikone der politischen Rechten. Die Nationalsozia-listen buhlten um seine Gunst, doch erschienen ihm diese zu ordinär.

Seine Erzählung ist ein monomanischer Hymnus, der – mit Einsprengseln sachlicher Beschreibung – den Krieg feiert: als „blutiges Fest", als Fegefeuer, aus dem wahres Mannestum überhaupt erst entstehen könne. In diesem Werk spiegelt sich auch die Tatsache wieder, dass der Krieg auf dem Höhepunkt des gewaltigen Schlachtfestes bankrott gegangen ist. Alles hat sich festgefahren. Die Menschen werden verrückt.

Jünger gefällt das gar nicht. So *besingt* er denn den Krieg nicht nur, sondern müht sich auch, diesem durch aktives Mitwirken an der Schaffung einer Elite von „Sturmtruppen" wieder zu Dynamik zu verhelfen. Krieg soll es ewig geben; andern-falls würde die Menschheit verarmen.

Erich Maria Remarque (1898–1970) veröffentlichte 1929 seinen ersten Best-seller, den Roman „Im Westen nichts Neues". Dieser brachte ihm eine üble Hetz-kampagne der Nationalsozialisten ein. Der Autor sah sich als unpolitischer Pazifist und erreichte die Herzen vieler Menschen, die für die Parole „Nie wieder Krieg" schlugen.

Remarque hatte als frisch Eingezogener im Frühsommer 1917 den Schrecken der Materialschlacht im Westen erfahren, wurde bald schwer verwundet und ver-

L. Unterseher, *Der Erste Weltkrieg, essentials*,
DOI 10.1007/978-3-658-05230-0, © Springer Fachmedien Wiesbaden 2014

brachte den Rest des Krieges in einem Lazarett. So schöpft denn der Roman sowohl aus eigenem Erleben als auch aus den Berichten von Leidensgenossen.

Sein Ich-Erzähler fühlt, dass er den Horror allenfalls nur dann überleben kann, wenn er in seinen Kameraden eine schützende, auch psychisch stützende Familie findet, in der man für einander da ist. Die Front wird zur Heimat, und vom eigentlichen Zuhause entfremdet man sich. Doch die Schutzfunktion ist eine Illusion. Der Roman endet mit dem Tod des Ich-Erzählers – erschossen an einem „ruhigen" Tag an der Front.

Ludwig Renn (1889–1979), eigentlich Friedrich Vieth von Golßenau, diente ebenfalls an der Westfront. und zwar als Kompaniechef sowie zeitweilig auch als Bataillonskommandeur. In seinem schlicht mit „Krieg" betitelten Werk, das im selben Jahr wie Remarques Roman erschien, versetzt er sich – als Ich-Erzähler – in die Rolle eines einfachen Gefreiten, der es schließlich zum Zugführer bringt. Dieser lässt Schlüsselerlebnisse Revue passieren: Schlachten, schwere Verwundung. Der Stil ist realistisch und nüchtern.

Zwar ist auch in diesem Kontext das Gruppenerlebnis der Soldaten von großer Bedeutung, doch wird damit weniger emotional umgegangen als etwa in Remarques Erstling. Nüchtern auch das Erleben des Kriegsendes, das sich für den Erzähler mit Zerfallstendenzen des deutschen Heeres verbindet.

Den Autor hat seine Kriegserfahrung auf den Weg gebracht, Kommunist zu werden. Er diente während des Spanischen Bürgerkrieges, auf republikanischer Seite, den Internationalen Brigaden als Stabsoffizier und gehörte nach 1949 zu den prominentesten Schriftstellern der DDR.

Filme über den Ersten Weltkrieg gibt es ebenfalls zuhauf. An dieser Stelle soll exemplarisch und in Stichworten auf fünf Tonfilme aus vier Jahrzehnten hingewiesen werden, die folgende drei Kriterien erfüllen: überzeugende Darstellung komplexer Zusammenhänge, hohe dramatisch-künstlerische Qualität und Erreichung eines Massenpublikums. Keine dieser Produktionen gehört im Übrigen zu jenen so genannten Anti-Kriegsfilmen, die letztlich doch der Faszination des Krieges unterliegen.

„All Quiet on the Western Front" (*Im Westen nichts Neues*) 1930, Regie: Lewis Milestone. Großartige Verfilmung des Romans von Remarque, sehr authentische Darstellung deutscher Militär- und Zivilkultur. Das Werk sollte bald nach der Fertigstellung auch in deutsche Kinos kommen: erste Vorführung im Berliner Metropol. Zu diesem Anlass entsandte der damalige NSDAP-Gauleiter von Berlin, Joseph Goebbels (1897–1945), SA-Schläger, die das Publikum aus dem Saal trieben. Der Film konnte danach, wenn überhaupt, nur unter Auflagen gezeigt werden, und wurde 1933 verboten.

„Dawn Patrol" (*Flug in die Dämmerung*) 1930, Regie: Howard Hawks. Der Film kam gleich nach dem Werk Milestones in die Kinos und wurde als qualitativ gleichwertig erachtet. Er zeigt, wie Flieger einer britischen Jagdstaffel den Einsatz in Frankreich erleben. (Dabei wird auf eine Phase des Krieges Bezug genommen, in der die Briten den deutschen Fliegern unterlegen waren.) Die Verluste sind hoch, die Piloten fühlen sich „verheizt". Als ihr Wortführer selbst Staffelkapitän wird, versteht er plötzlich, in welch bedrückender Situation sein Vorgänger war: Menschen in den Tod schicken zu müssen, die man liebt. Der Film ist lakonisch und verbreitet ein Gefühl der Hoffnungslosigkeit.

„Uomini Contro" (Bataillon *der Verlorenen*) 1970, Regie: Francesco Rosi. Der Film, kultureller Ausfluss der Studentenrevolte von 1968, spielt in den Gräben und Stellungen der oft eisigen italienischen Alpenfront gegenüber den Truppen Österreich-Ungarns. Die Soldaten sehen sich von an der Front auftauchender Generalität in sinnlose Angriffe gegen feindliche MG-Nester gehetzt. Sie meutern, und – einem marxistischen Denkansatz entsprechend – machen sich jüngere Offiziere aus der intellektuellen Mittelschicht zu ihren Fürsprechern. Die Generalität gibt falsche Zusagen und obsiegt am Ende. Truppenteile werden „dezimiert", die jungen Offiziere standrechtlich erschossen.

„Gallipoli" (*Gallipoli*) 1981, Regie: Peter Weir. Der Film begleitet junge Männer, die im idyllisch erscheinenden Australien für den Krieg im fernen Europa rekrutiert werden, auf ihrem Weg über das pittoreske Ägypten in die Hölle der alliierten Brückenköpfe auf der Halbinsel Gallipoli im Sommer 1917. Kontrastiert wird der stümperhafte Schematismus der Führung mit dem Vegetieren der Soldaten vor Ort, die kaum einen Schritt vorankommen und die – schlecht versorgt – unerträglicher Hitze sowie dem tödlichen Feuer der türkischen Verteidiger ausgesetzt sind.

„War Horse" (*Gefährten*) 2011, Regie: Steven Spielberg. Der visuell überwältigende Film basiert auf einem englischen Kinderbuch über ein Pferd im Großen Krieg. Vor dessen Ausbruch gewinnt es Rennen, geht dann mit einem Offizier an die Front, hat verschiedene Reiter, ist herrenlos, gerät in Feindeshand, wird zum Ziehen von Geschützen missbraucht, schwer verwundet, überlebt wie durch ein Wunder und kehrt heim mit dem Bauernburschen, der es einst aufzog. Es gibt Stimmen, die das Werk zu pathetisch finden. Ingeniös erscheint aber, wie vermittels der Odyssee des Tieres – mitunter tragische – Schicksale filmisch miteinander verknüpft werden: von Zivilisten und Soldaten, Briten, Franzosen und Deutschen.

Eine Leseliste

- Berghahn, V. R., Der Erste Weltkrieg, München 2003.
- Clark, C., Die Schlafwandler. Wie Europa in den Ersten Weltkrieg zog, München 2013.
- DER SPIEGEL, Geschichte Nr. 5/2013, Der Erste Weltkrieg. 1914–1918: Als Europa im Inferno versank.
- Ferguson, N., Der falsche Krieg. Der Erste Weltkrieg und das 20. Jahrhundert, München 2001.
- Fischer, F., Griff nach der Weltmacht, Düsseldorf 1961.
- Guderian, H., Achtung – Panzer! The Development of Armoured Forces, their Tactics and Operational Potential (engl. Übersetzung der Erstausgabe von 1937), London 1992.
- Haffner, S., Die sieben Todsünden des Deutschen Reiches im Ersten Weltkrieg, Bergisch Gladbach 2001.
- Hirschfeld, G. et al. (Hrsg.), Enzyklopädie Erster Weltkrieg, Paderborn 2009.
- Howard, M., Kurze Geschichte des Ersten Weltkrieges, München 2004/5.
- Jünger, E., In Stahlgewittern, Stuttgart 2013.
- Keegan, J., Der Erste Weltkrieg. Eine Europäische Tragödie, Reinbek b. Hamburg 2001.
- Krockow, C. Graf von, Kaiser Wilhelm II. und seine Zeit, Berlin 1999.
- Liddell Hart, B. H., Strategy, New York, New York 1962.
- Mommsen, W. J., Der Erste Weltkrieg. Anfang vom Ende des bürgerlichen Zeitalters, Bonn 2004.
- Mosier, J., The Myth of the Great War. A New Military History of World War I, New York, New York 2001.
- Rauchensteiner, M., Der Tod des Doppeladlers. Österreich-Ungarn und der Erste Weltkrieg, Wien-Graz 1994.
- Remarque, E. M., Im Westen nichts Neues, Berlin 1929.
- Renn, L., Krieg, Frankfurt a. M 1929, Berlin 2002.

L. Unterseher, *Der Erste Weltkrieg*, essentials,
DOI 10.1007/978-3-658-05230-0, © Springer Fachmedien Wiesbaden 2014

- Rommel, E., Infantry Attacks (engl. Übersetzung der Erstausgabe von 1937 „Infanterie greift an"), London 1990.
- Schivelbusch, W., Die Kultur der Niederlage, Berlin 2001.
- Schneider T. F., Von Richthofen bis Remarque. Deutschsprachige Prosa im I. Weltkrieg, Amsterdam 2003.
- Solschenizyn, A. I., August 14, München 1972.
- Tuchman, B., August 1914, Frankfurt a. M 2001.
- Tucker, S. (ed.), The Encyclopedia of World War I. A Political, Social and Military History, Santa Barbara, California, 2005.
- Wallach, J., Das Dogma der Vernichtungsschlacht. Die Lehren von Clausewitz und Schlieffen und ihre Wirkungen in zwei Weltkriegen, Frankfurt a. M 1967.
- Ders., Anatomie einer Militärhilfe. Die preußisch-deutschen Militärmissionen in der Türkei 1835–1919, Düsseldorf 1976.
- Wehler, H.-U., Das Deutsche Kaiserreich 1871–1918, Göttingen 1973.